NOCES D'OR DE M. JOSEPH PÉRIGOIS

Curé-doyen de la Madeleine de Pouancé

(DIOCÈSE D'ANGERS)

DISCOURS

PRONONCÉ PAR

M. L'ABBÉ NANGLARD

VICAIRE GÉNÉRAL D'ANGOULÊME

(Le 4 Mai 1885)

ANGERS

HENRY BRIAND, ÉDITEUR

Rue Saint-Laud, 62

1886

NOCES D'OR DE M. JOSEPH PÉRIGOIS

Curé-doyen de la Madeleine de Pouancé

(DIOCÈSE D'ANGERS)

DISCOURS

PRONONCÉ PAR

M. L'ABBÉ NANGLARD

VICAIRE GÉNÉRAL D'ANGOULÊME

(Le 4 Mai 1885)

ANGERS

HENRY BRIAND, ÉDITEUR

Rue Saint-Laud, 62

1886

Benedicite sacerdotes Domini Domino.

(Daniel, III, 84.)

MESSIEURS, MES FRÈRES,

C'est un usage conforme à la piété autant qu'à la charité chrétienne que, lorsqu'un prêtre réunit cinquante années de sacerdoce, ses frères dans cet ordre sacré et les chrétiens qu'il évangélise, lui apportent avec leurs félicitations l'expression du respect revenant à ce vétéran de la sainte milice. La sagesse éternelle veut que nous honorions le vieillard comme un père, *seniorem obsecra ut patrem* (1). Mais quand ce serviteur de Dieu, portant déjà la dignité de l'âge et celle du caractère, est encore orné des vertus que ces titres réclament, il a sur le front une triple couronne qui lui attire aisément l'amour et la vénération, et nous le rangeons volontiers parmi ces hommes dont l'Esprit-Saint nous parle comme *d'ascendants glorieux et dignes d'être loués ; viros gloriosos, et parentes nostros in generatione* (2).

C'est pour un devoir de ce genre que nous sommes groupés aujourd'hui autour de M. Joseph Périgois, curé doyen de l'église de Sainte-Madeleine de Pouancé. Il s'agit d'une fête sacerdotale et paroissiale, d'une fête intime et

---

(1) I Tim., v. 1.
(2) Eccli., XLIV, 1.

toute de famille. Deux choses la caractérisent : C'est une action de grâces et un vœu. Elle a pour but de bénir le Seigneur qui a béni *l'homme de sa droite* et de souhaiter à celui-ci de nouvelles et durables bénédictions, *ad multos annos* (1). C'est moi qui dois traduire ces souhaits et cette reconnaissance. J'en accepte la mission, non que je me croie le plus apte à la bien remplir, mais parce que je me sens le plus obligé. Vous tous, Messieurs, vous êtes des frères; vous l'êtes par le cœur autant que par le caractère. Mais, moi, je suis un fils ; à moi de parler au nom de tous et de dire ce que vous ressentez et ce que je ressens. Or, nos sentiments sont bien les mêmes : respectueuse affection et profonde estime pour ce digne membre de la tribu lévitique. Dès lors, en épanchant mon âme, je suis certain d'exprimer les pensées des vôtres. Donc, au nom de tous, honneur à celui que vous, fidèles de cette paroisse, vous nommez avec joie votre pasteur, que vous, Messieurs, vous appelez votre frère, que j'ai nommé autrefois le père de mon âme, et que je dois appeler désormais mon vénérable ami. Mais surtout honneur au sacerdoce qui lui vaut tant et de si douces appellations. Et pour procéder avec ordre, disons : Honneur au sacerdoce auquel Dieu l'a élevé ; honneur au sacerdoce par lequel il glorifie Dieu. *Benedicite sacerdotes Domini Domino.*

I

Oui, mes frères, avant tout, honneur au sacerdoce chrétien. C'est l'état le plus sublime ; *c'est une dignité incomparable* (2) ; celle des rois lui est inférieure ; celle même des anges est moins auguste. Le prêtre est l'agent

---

(1) De Consecrat. Episcop.

(2) Nullis potest comparationibus adæquari. S. Ambros. de Dign. Sacerd., I, 2.

de Dieu, *son ambassadeur sur la terre* (1). Ce qu'il fait, Dieu le consacre ; ce qu'il dit, Dieu le confirme ; *obediente Domino voci hominis* (2). Dans l'exercice de ses fonctions, il est comme un autre Jésus-Christ (3). L'écouter, c'est écouter le Fils du Très-Haut; le mépriser, c'est mépriser le Très-Haut lui-même.

Telles sont, Messieurs, notre grandeur et notre puissance. Si nous les rappelons parfois, ce n'est point par vanité, loin de là ; car malheur à nous si elles ne servaient pas exclusivement à la gloire de Dieu ! Mais devant tant de sublimité, combien saint Paul a justement proclamé que *nul n'y doit prétendre s'il n'y est appelé* (4). *C'est moi qui vous ai choisis* (5), disait le Sauveur à ses apôtres. Non, personne n'a le droit d'aller au Christ pour entrer dans sa mission que le Christ *ne l'y ait attiré; nisi traxerit eum* (6). Mais comment procède ce maître des humains quand il veut confier à quelqu'un une œuvre supérieure? Il a pris ses premiers prêtres parmi les pêcheurs de la Galilée ; Samuel était près de l'arche quand il fut appelé à la judicature ; David gardait les troupeaux quand la royauté lui fut promise, et Saul persécutait les chrétiens quand il fut désigné pour convertir les Gentils. Aujourd'hui, comme toujours, Dieu s'arrête dans des milieux divers pour y prendre ses élus. Mais où il aime surtout à porter son appel, c'est dans une famille qui bénit son nom, sur un seuil d'où s'échappent les parfums de la piété. La fortune et l'éclat des situations le touchent peu ; il leur préfère l'humilité et la simplicité du foyer habité par un laboureur ou par un artisan soumis à sa loi. C'est là qu'il se plaît particulièrement à chercher les gardiens de son sanctuaire et les propagateurs de son

(1) Pro Christo legatione fungimur, II Cor., v, 20.
(2) Josue, x, 14.
(3) Christi expressa forma, S. Cyr. d'Alex.
(4) Hebr., v, 4.
(5) Jean, xv, 16.
(6) S. Jean, vi, 44.

évangile. Est-ce pour récompenser une famille fidèle qu'il y fait cette glorieuse élection, ou bien est-ce à cause du futur lévite qu'il la bénit d'avance? C'est un secret que lui seul connaît. Nous ne savons qu'une chose, c'est que lorsqu'il s'agit de procurer un prêtre à son Église, Dieu ne compte point avec les miracles, et que, s'il le faut pour atteindre son but, il le visera à travers cent générations.

C'est dans un foyer où le Seigneur était aimé et honoré que vous avez entendu sa voix, mon vénérable ami. Il vous a rencontré chez un peuple croyant et aux mains de parents vertueux entre tous. Il n'a pas eu, comme il le faut souvent ailleurs, à refaire vos pensées et à rectifier les mouvements de votre âme, mais seulement à les soutenir et à les diriger. Un père et une mère selon son cœur, mettant les biens de la grâce au-dessus de tout, vous avaient préparé l'héritage qui est la dot la meilleure et la plus nécessaire pour l'aspirant à la cléricature. Le ciel leur avait envoyé de nombreux enfants à pourvoir; mais il y eut dans cet ordre de richesses de quoi leur faire à chacun un bel apanage. Venu presque le dernier parmi tant de partageants, vous reçûtes le lot privilégié, et quand Dieu manifesta ses desseins sur vous, personne ne s'étonna de cette préférence. Déjà vous étiez un lévite avant d'en avoir pris les livrées; vous aviez l'amour et, si je puis dire, l'instinct de cette grande chose qui s'appelle *le sacerdoce royal*, *regale sacerdotium* (1).

C'est cette préparation anticipée qui fait que l'on voit çà et là, et particulièrement chez vous, Messieurs, des prêtres si vraiment prêtres qu'on dirait que leur race les a consacrés d'avance. Même quand ils ont blanchi dans un long ministère, lorsqu'ils sont brisés à force de labeur, on peut encore deviner que leur adolescence fut, comme celle de Daniel et de ses nobles compagnons, ornée de tous les charmes que produit une sève pure et généreuse; *decoros*

(1) I S. Pierre, II, 9.

formâ, in quibus nulla esset macula (1). Leur vieillesse a gardé quelque chose de la verdeur du premier âge, et, à leur aspect, on se remémore le disciple cher au cœur de Jésus et que les ans n'osaient pas outrager.

Cette comparaison peut sembler de la flatterie ; cependant, il est vrai de dire que les vertus héréditaires sont comme un levain mystérieux qui, se mêlant à notre sang, affermit à la fois l'âme et le corps et y prépare pour des jours que Dieu a prévus les plus magnifiques floraisons. Seize ans avant vous, mon digne ami, naissait dans votre famille celui qui devait être un des plus sages et des plus glorieux princes de l'Église de France, et en qui une extrême vieillesse devait rehausser tant de grâce et de majesté (2). Il ne pouvait être seul comme le géant sur la montagne, et si la supériorité de son génie était une de ces propriétés personnelles qui ne se transmettent pas, cependant, comme l'arbre dont les racines émergent en rejetons qui attestent sa vigueur, il devait bien voir croître près de lui quelqu'un portant au moins des reflets de sa droiture d'âme et de sa bonté de cœur.

Oui, le Seigneur ouvre devant ses lévites des voies admirables ; mais si grande et si noble est la fin qu'il leur propose ! Comment y avez-vous marché, mon vénérable ami ? Oh ! ne craignez point que j'excède dans la louange. Vous avez parcouru vos premières étapes en bonne compagnie, soutenu par une sage direction et entouré de précieux exemples. C'est Dieu qu'il faut en louer. Mais je dois bien aussi vous féliciter d'avoir profité de pareils avantages. Après vos maîtres dont l'estime vous resta constante, vos amis préférés furent toujours vos condisciples les meilleurs et les plus édifiants. Beaupréau vous compta au nombre de ses élèves dont plusieurs lui ont fait une grande et juste renommée. Vous étiez considéré entre tous par votre piété et surtout par cette faculté que les

(1) Daniel, I, 4.
(2) Son Eminence le cardinal Regnier.

esprits même les plus pénétrants ont souvent à envier et qui s'appelle la rectitude du jugement. C'est, en effet, un don assez rare, surtout chez le jeune homme que ce sens commun et cette saine raison qui le préservent du délire de l'orgueil, le tournent vers le bien réel et l'aident à y fixer ses désirs. Or, ce don vous l'aviez reçu.

Aussi, en sortant de cette première école, étiez-vous prêt à aborder la vie et les graves études du Grand-Séminaire. C'est à Angers que vous avez recueilli les trésors solides et sans faste dont les pieux Sulpiciens savent enrichir leurs disciples; trésors de sciences, mais de sciences pratiques et qui constituent *l'art si difficile du gouvernement des âmes* (1). Ce sont les sciences que vous préfériez à toutes les autres, et à bon droit; car que sont les spéculations subtiles et les superbes théories autre chose que matière à vaines déclamations de rhéteurs plus soucieux de leur renommée que du salut des peuples?

Ce n'est point d'ailleurs pour l'enseignement de systèmes sans portée que le Saint Concile de Trente a substitué les séminaires aux vieilles universités. Ce qu'il voulait surtout favoriser par cette mesure, c'était la discipline ecclésiastique et ces communications entre maîtres et disciples dont le résultat est d'élever l'âme du jeune clerc, d'ouvrir son cœur, d'y déposer la sève de la vie sacerdotale et d'en faire ainsi *un homme de Dieu préparé pour toutes sortes d'œuvres saintes; homo Dei ad omne opus bonum instructus* (2).

Rien ne pouvait mieux convenir à vos goûts. Déjà vous envisagiez le sérieux de la carrière ecclésiastique sans en concevoir aucun effroi. Loin de là, vous ne pensiez point qu'elle pût impliquer autre chose que de lourdes responsabilités et de grands sacrifices, et elle vous plaisait ainsi. Vous l'aimiez telle qu'elle vous apparaissait en vos dignes

---

(1) Ars artium, regimen animarum, S. Grég. le Grand, in libro *de pastorali officio*.

(2) II Tim., III, 26.

maîtres, aux mœurs si graves, et chez les survivants de l'ancien clergé échappés à la persécution du dernier siècle. Quelle fermeté de principes et quelle dignité de vie chez ces confesseurs de la foi que l'on rencontrait alors sur divers points de la France! Il est facile de se convaincre que leur gravité vous plut et que vous y vîtes un exemple bon à imiter.

Mais en recueillant le récit de leurs souffrances, et quand, à vingt ans, vous entendiez le grondement d'une révolution nouvelle, ne songiez-vous pas aux épreuves que Jésus-Christ a prédites à ses envoyés? *Tradent vos in tribulationem, et eritis odio* (1). Sans doute; mais vous n'en fûtes point ébranlé. Je ne vous loue pas de ce courage comme s'il n'appartenait qu'à vous; car combien des confrères qui vous entourent ont vu ce que vous avez vu en accédant au sacerdoce dans un siècle que caractérise sa haine contre le Christ et contre son Église! Mais si j'en parle, c'est qu'il faut que tout le monde sache ici que rien ne doit effrayer ceux que le Seigneur a choisis pour le service de ses autels et qu'il n'est permis à personne, pas même dans les intérêts de la chair et du sang, de les détourner de leur noble vocation.

Les marques de cette vocation sont, avec la droiture de l'esprit et la pureté du cœur, une sainte et forte envie pour cet état, une aspiration qui y porte sans que rien puisse la refouler. Quand Dieu a fixé son choix, il prend en son cœur une flèche d'amour et la jette au cœur de l'enfant qu'il convoite. Que cet enfant garde la vertu déposée en lui par le trait divin, il concevra de nobles désirs et de saintes ambitions; son âme sera remplie de rêves enthousiastes et saisira toutes les grandes révélations qui lui viendront d'en haut. Surtout il sera fort et rien ne l'effraiera. On vit bien, mon vénérable ami, que la main de Dieu avait atteint votre cœur; vous marchiez mû par la vertu qu'elle avait fait entrer dans vos veines, regardant devant

(1) S. Math., XXIV, 9.

vous, fier de votre vocation dont rien ne devait vous ravir 'honneur. Vous n'hésitiez ni devant les menaces de l'impiété, ni devant les devoirs multiples de la condition qui s'offrait à votre avenir, ni devant les travaux qui y préparent. Hésiter quand il y a tant d'âmes à sauver et si peu de sauveurs ! Pour être bon pasteur, il faut ignorer ces faiblesses, et vous vouliez être bon pasteur.

Le temps vint donc où votre initiation se trouva achevée; il y aura de cela cinquante-un ans bientôt. *Vous aviez la mesure de l'âge et de la plénitude voulue pour la formation de Jésus-Christ en vous* (1). Le pontife l'ayant su vous consacra et vous éleva au rang de ceux qui sont *les hommes de la droite du Seigneur pour dispenser ses mystères et publier ses vertus; ut virtutes annuntietis ejus* (2).

Tel fut l'aspirant au sacerdoce. Parlons maintenant de celui qui en porte l'honneur et le fardeau.

II

Annoncer les mystères de Dieu et publier ses grandeurs; distribuer ses dons qui sont grâce et vérité; telle est la mission du prêtre au sein des peuples. *Euntes docete omnes gentes* (3). Doctrine et vertus, foi et sagesse, principes de sanctification et science du salut; tel est le dépôt confié à notre garde et à notre zèle. Qui le conserve sans altération et le communique sans parcimonie mérite d'être appelé *le sel de la terre et la lumière du monde* (4). Là est toute notre gloire présente et future, et le plus bel

---

(1) Eph., IV, 13.
(2) I S. Pierre, II, 9.
(3) S. Math., XXVIII, 19.
(4) S. Math., V, 13.

éloge que Jésus-Christ propose à notre ambition est l'éloge de la fidélité sur ce point. *Euge serve bone et fidelis* (1).

Pendant cinquante ans, mon vénérable ami, vous avez fait cela ; vous avez gardé l'arche sainte, toujours appliqué à en extraire, pour qui en avait besoin, lumière et consolation. Vous l'avez fait simplement et modestement, ne visant qu'à la gloire de Dieu et au bien des âmes, adressant à votre peuple, non des déclamations vides de sens, mais le pur et vivifiant langage de l'Évangile. Simplicité et modestie, voilà le rôle du vrai pasteur. A d'autres de chercher de vastes théâtres pour y étaler leur vanité ; à nous d'imiter Jésus-Christ qui, confondant les superbes, s'est déclaré le père des petits et des humbles.

C'est près de ceux-là que Dieu vous a envoyé tout d'abord ; c'est près d'eux que vous avez goûté vos premières et plus pures joies sacerdotales. Quels délicieux souvenirs vous avez emportés de votre vicariat de Maulévrier et de la petite paroisse de Saint-Léger-des-Bois qui vous échut ensuite ! Je vous ai entendu souvent en parler comme de régions bénies que vous aviez trop tôt quittées. De même on y disait bien que l'on vous avait trop tôt perdu. Tous, et particulièrement le prêtre dont vous aviez été l'auxiliaire, vantaient votre sagesse, votre piété et votre dévouement. Cependant ce n'était point la faveur qui vous avait préparé ces débuts. Près de votre évêque se trouvait alors un conseiller qui devait être un jour le prélat (2) le moins accessible aux calculs passionnés ; et il suffisait que vous lui fussiez rapproché par le sang pour qu'il vous ménageât non des postes de faveur, mais ce qui s'appelle, en termes d'administration, des postes de confiance, où la prudence est indispensable et où le prêtre doit se consoler du sacrifice par le sacrifice.

Près de votre vicariat, une desserte dont il faut préparer

---

(5) S. Math., xxv, 21.

(1) M. Regnier, depuis évêque d'Angoulême, et plus tard archevêque de Cambrai et cardinal.

la transformation en paroisse ; à Saint-Léger, une église à rebâtir ; des ressources à créer à cette fin dans une petite et pauvre population, quelles œuvres pour un débutant dans le ministère pastoral ! Pendant ce temps-là le vicaire général souriait et répondait à vos alarmes par des reparties pleines d'amabilité, mais prouvant bien qu'il mettait l'intérêt général au-dessus des intérêts privés et songeait moins à l'exaltation de ses proches qu'au salut des peuples. Mais son espérance ne fut point vaine, et, dès ce temps, on vit se révéler en vous une aptitude que vous avez depuis portée partout avec succès, celle de l'édification et de l'embellissement des églises. Ce fut votre spécialité et, si je puis dire, votre passion.

Ce fut aussi la confiance bien plus que la faveur, mon vénérable ami, qui provoqua votre venue dans notre Angoumois. Ici, Messieurs, je dois remercier publiquement ceux de vos frères qui se sont faits les nôtres et nous ont apporté le concours de leur zèle pour l'évangélisation du pays de Charente. Mais, il me faut en même temps justifier une population qui, selon une parole exacte de l'évêque que vous lui avez donné (1), fut plus malheureuse que coupable. Visitée par saint Martial dès l'apparition du christianisme dans les Gaules, cette petite portion de la Grande Aquitaine s'était promptement convertie à la voix de l'apôtre que Jésus avait bénit enfant, dont Pierre avait fait son disciple et qui pouvait dire lui aussi : *Ce que nous vous racontons du Verbe de vie, nous l'avons vu de nos yeux et entendu de nos oreilles* (2). Que d'énergie ne déploya-t-elle pas contre les sataniques légions qui l'assaillirent dans le cours des siècles ! Il semblait qu'elle dût être, particulièrement au moyen âge, le rendez-vous de toutes les incursions des ennemis de Dieu. Mais, ses vieilles églises romano-byzantines sont là pour attester que ni les Visigoths Ariens, ni les Sarrasins, sectateurs du

---

(1) Mgr Regnier.

(2) I S. Jean, I, 1.

Coran, ne parvinrent à altérer ses fortes croyances. Elle avait soutenu le bon combat; elle goûtait la paix de ses triomphes et servait Dieu dans la joie, lorsque les modernes sectaires, héritiers des haines de Calvin et des fureurs de Luther, se jetèrent sur elle à leur tour. Deux fois en moins de dix ans (1), enhardis par l'accès de leurs chefs au pouvoir, ils vinrent comme une nuée de barbares portant partout le pillage, l'incendie et la mort. Qui saurait dire toutes les ruines matérielles et religieuses qu'ils amoncelèrent dans cette vaillante province? Ses temples renversés, ses abbayes saccagées, les trésors du sanctuaire ravis, ses prêtres massacrés ou brûlés vifs. Cependant, ils ne parvinrent point à lui arracher sa foi, et le protestantisme ne trouva chez nous que peu d'adhérents. Sans doute, le nerf de la vie catholique souffrit du contact de doctrines si dissolvantes; mais il ne tarda point à reprendre sa vigueur, et lorsque vint la tourmente de la fin du dix-huitième siècle, nos prêtres, sans parler de tant d'autres victimes, en mourant par centaines sur l'échafaud, ou sur les pontons de Rochefort, ou au pied des Pyrénées que les fatigues de l'exil ne leur permettaient pas de franchir, prouvèrent bien à leurs bourreaux que les fils de Martial et d'Ausone n'avaient pas complètement dégénéré.

Mais, Messieurs, pendant que, au lendemain de cette nouvelle et universelle épreuve, la religion du Christ reprenait ses droits dans tout le reste de la France, que se passait-il chez nous? Je ne dirai pas ce que fût absolument et ouvertement le règne du schisme et de l'intrusion née de la Constitution civile du clergé; mais c'en était au moins l'esprit néfaste. Durant un quart de siècle, au lieu du relèvement de l'édifice, ce fut un travail d'anéantissement du peu qu'il en restait. Point d'écoles cléricales; point de séminaires; partant, point de prêtres, sauf quelques errants venus de partout, qu'un lâche serment

---

(3) Les protestants envahirent Angoulême en 1562 et en 1568 et en ruinèrent presque toutes les églises.

avait flétris et qui jouissaient de toutes les faveurs pendant que nos martyrs du devoir étaient maintenant martyrs du plus injuste délaissement.

Tel fut ce régime fatal qui causa à l'église d'Angoulême plus de maux que ne lui en causèrent toutes les persécutions de dix-huit siècles ; ce régime dont Mgr Guigou (1) de douce mémoire déplora les désastres sans pouvoir y rien opposer que le mérite de ses prières et de ses longues infirmités, auquel Mgr Regnier, l'administrateur aussi ferme que prudent, substitua rapidement et malgré de rudes obstacles un ordre tout nouveau, dont Mgr Cousseau, le savant et le restaurateur de la dignité sacerdotale, fit disparaître les derniers vestiges, laissant à un pieux et zélé continuateur le soin d'affermir et de consacrer, par des institutions dont le temps était venu enfin, une régénération si bien conduite et si solidement achevée.

Ce fut pour cette œuvre importante, Messieurs, que vos frères s'offrirent à nous, et Dieu sait ce que nous leur devons. Vous vîntes des premiers, mon vénérable ami. Il me souvient comme d'hier de votre arrivée à Saint-Angeau ; petit enfant, prêt à aborder pour la première fois la table sainte et aspirant déjà au sacerdoce, je vous saluai comme mon ange conducteur, me doutant bien que vous sauriez deviner les pensées de mon âme et les soutenir. Oh ! que vous fûtes le bienvenu dans cette paroisse longtemps éprouvée ! et que vous y laissâtes de regrets lorsque, neuf ans plus tard, notre nouvel évêque (2), bon appréciateur des hommes et des choses, vous nomma archiprêtre de Ruffec ! C'est là que le même prélat m'envoya peu après pour être formé par vous au Saint-Ministère. Je fus trop tôt séparé de vous et, bien souvent depuis, dans ma charge de pasteur pour laquelle j'étais si

---

(1) Évêque d'Angoulême de 1823 à 1842, venu immédiatement après Dominique Lacombe l'un des cinq évêques constitutionnels maintenus par le Concordat.

(2) Mgr Cousseau, successeur immédiat de Mgr Regnier à Angoulême.

jeune et si faible, je dus suppléer à vos précieux conseils que je n'avais plus, en me remémorant ceux que vous m'aviez donnés autrefois ! Ces conseils étaient ceux d'un père qu'inspirait la sagesse autant que l'affection ; pouvais-je les oublier ? Non ; la prudence autant que la gratitude m'ordonnait de les graver à jamais dans mon cœur. Ils y sont toujours, et je me les rappelle encore utilement dans des fonctions qui m'imposent le double devoir du conseil et de l'exemple auprès de mes frères dans l'œuvre de la gloire de Dieu et du salut des âmes.

Mais vous ne pouviez méconnaître la promesse faite à votre Anjou bien-aimé de lui revenir un jour ; et, après dix-huit années d'un labeur fécond dont les fruits nous restent, avec la simplicité de l'homme de Dieu, dégagé de toute ambition, vous quittiez votre important archiprêtré pour une modeste paroisse dans la région où s'était exercé votre zèle de jeune apôtre ; vous renonciez à une grande église qui vous devait son exceptionnelle beauté pour un temple ébranlé qu'il fallait reconstruire. Dix-huit années sur les cinquante de votre vie sacerdotale, dix-huit années d'édification, de dévouement, d'application généreuse à l'œuvre de la régénération d'un pays ; c'est un bienfait qui provoque la reconnaissance. Soyez-en béni !

Je comprends que vos regards se tournassent vers le pays de votre naissance, vers cette terre de foi vive et de solides traditions chrétiennes. Il vous est permis d'être fier d'appartenir à une tribu qui fut toujours si bien gouvernée et que dirige aujourd'hui un chef dont la France entière admire l'éclat et la vaillance. Oui, je m'explique que votre cœur vous ramenât vers ce clergé dans lequel vous comptiez tant d'amis et qui est l'objet de tant de respect de la part des chrétiens qu'il évangélise. Les consolations abondent ici pour le pasteur des âmes. Vous en avez goûté de bien douces à Tilliers, à Montreuil-Bellay ; vous en goûtez de plus douces encore près de ce bon peuple de la Madeleine de Pouancé, et je constate avec quel élan les ouvriers de l'Évangile savent ici chanter ensemble le cantique de l'union fraternelle : *Ecce quam bonum et quam jucundum habitare fratres in unum !* (1) Mais convenez aussi que, chez nous, tous vos confrères étaient bien vos amis et que les fidèles ne vous refusèrent point ni leur confiance ni leur religieux respect. En cela, ils partageaient bien les appréciations de l'évêque (2) qui vous discerna dès le début de son épiscopat et qui sentit si vivement le vide fait par votre départ dans les rangs de son clergé.

Vous y avez passé des temps difficiles et dans une région alors bien tourmentée par les prédicants du mensonge. Cependant, nul n'osa vous braver, et c'est grâce à l'estime qui vous entourait que la plaie qui infesta tant d'autres bergeries d'alentour n'atteignit que faiblement la vôtre. Que dans votre longue carrière vous ayez trouvé des contradicteurs, c'était inévitable ; on ne fait pas le bien sans soulever contre soi le génie du mal. Ce sont souvent les mesures les plus nécessaires et les plus simples qui passionnent le plus les esprits. Toucher à une pierre d'un vieil édifice pour le sauver de la ruine, c'est assez pour provoquer les plus violentes clameurs. Cependant, ce ne fut point pour vous un obstacle, et aujourd'hui, vous pouvez dire que vous n'avez pas quitté une paroisse sans y avoir opéré d'utiles innovations. Sans compter ce que vous avez entrepris ailleurs et mené à bonne fin, Ruffec et Montreuil-Bellay en particulier vous doivent l'heureuse initiative qui a transformé leurs églises et procuré à leurs enfants des écoles où l'on parle de Dieu. Avec l'œuvre de la sanctification des âmes, l'honneur du sanctuaire, le chant des hymnes sacrés, la pompe et les cérémonies du culte divin reçurent toujours vos soins les plus intelligents et les plus généreux. Dès le jour de votre ordination, vous aviez promis au Seigneur de *le bénir dans ses temples*, *in ecclesiis benedicam te* (3). Vous avez tenu

---

(1) Ps., CXXXII, 1.
(2) Mgr Cousseau.
(3) Ps. XXV, 12.

parole. Temple matériel, temple spirituel, vous n'avez rien omis de ce qui pouvait en faire la beauté. Ce sera votre joie et votre gloire au terme de votre vie de pouvoir rappeler à votre Maître que *vous avez aimé sa maison ; Domine, dilexi decorem domûs tuæ* (1).

Puisse cette vie si bien employée se prolonger encore ! Daigne le Seigneur vous garder longtemps à des frères qui vous aiment et à des fils qui vous révèrent ! *Ad multos annos !*

Pardonnez-moi, Messieurs, si j'oublie quelque chose que vos cœurs voulussent m'entendre proclamer encore pour féliciter notre digne ami. J'ai déjà tant à me faire pardonner de sa modestie ! Mais s'il m'en veut d'avoir mêlé des éloges à mes félicitations, c'est à vous qu'il devra s'en prendre ; car vous m'en voudriez vous-mêmes si j'avais complimenté l'homme que les ans épargnent, sans louer le prêtre qui ne s'est jamais épargné. Mais c'est notre droit, comme c'est notre devoir, de bénir ainsi l'homme qui honore notre sacerdoce. Il y a là une utile leçon, non pour vous, Messieurs, car de ce qu'a fait notre frère, il n'est rien que vous ne fassiez tous avec la même ardeur et la même simplicité, et en le louant je vous ai tous loués. Mais c'est une leçon et une édification pour ces fidèles qui nous regardent et nous écoutent. Oui, mes frères, il faut que nous en convenions, notre mission est tout entière pour vous ; pour vous nos travaux, nos sacrifices, nos prières, notre vie. Bénissez donc le Seigneur qui ne veut pas que son peuple périsse et qui, pour le sauver, suscite des hommes de cœur. Bénissons-le tous en ce jour de douces émotions, vous chrétiens, de ce qu'il vous conserve un pasteur joignant à l'autorité du caractère l'autorité de l'âge et des vertus ; nous, mes chers confrères, de l'honneur qu'il nous fait en accordant à l'un des nôtres des jours longs et pleins de mérites ; vous, mon vénérable ami, de ce qu'il vous a permis de pouvoir faire

(1) Ps. xxv, 8.

beaucoup pour la gloire de son nom. *Benedicite sacerdotes Domini Domino.*

Ah ! je n'ignore pas les pensées qui vous agitent à cette heure, et en cela mon cœur me révèle bien le vôtre ; car quel est le prêtre qui, une fois entré dans sa mission si pleine de périls et lui créant tant et de si graves responsabilités, ne se sente ému en mesurant la distance qui le sépare de son ordination ? D'un côté, le souvenir des dons de Dieu ; de l'autre, la perspective du compte qu'il faudra lui en rendre, c'est bien assez pour porter la terreur dans une âme sacerdotale. Mais ayons confiance ; comme le disait saint Ambroise, *nous travaillons pour un bon Maître* ; *Dominum bonum habemus* (1). Que la vue de nos passagères défaillances n'affaiblisse point notre foi en sa miséricorde, pas plus que notre reconnaissance pour ses bienfaits. Cinquante années de ministère sacré, un demi siècle de bonnes œuvres et de bons combats, les prières des âmes que vous avez sauvées, celle des âmes à qui aujourd'hui encore vous montrez le ciel, les vœux ardents que vos confrères unissent aux vôtres particulièrement en ce jour ; voilà bien de quoi soutenir vos espérances et relever votre courage. Vous savez que Dieu ne laissera point sans récompense ses fidèles serviteurs. *Scio cui credidi* (2).

En attendant le suprême bienfait qui doit couronner tous les autres, jouissez en paix, mon vénérable ami, de ceux que le Seigneur vous donne présentement. Puisqu'il le veut, continuez à édifier et à sauver. *Ad multos annos.*

L'historien sacré, en nous racontant les actes des patriarches, arrête chacun de ceux-ci à un point déjà avancé de sa vie pour nous dire qu'il enfanta encore des fils et des filles et qu'après cela il mourut. *Genuit filios et filias et mortuus est* (3). Enfanter et mourir, voilà toute la

---

(1) Paulin. in vitâ Sancti Ambrosii.

(2) II Tim., I, 12.

(3) Genèse, XI, passim.

longue existence de ces justes que Dieu suscita pour refaire l'humanité. Refaire l'humanité, c'est notre œuvre à nous, prêtres du Seigneur. Le Seigneur nous a doués pour cela d'une fécondité prodigieuse.

Jetant un regard en arrière, que voyez-vous, mon vénérable ami? De nombreuses générations d'âmes que vous avez produites à la vie de la grâce par l'action de l'Évangile. *Per Evangelium ego genui* (1). Votre cœur leur a envoyé d'ici des paroles de tendresse que Dieu se charge de leur porter sous les tentes diverses qu'elles habitent. *Filioli, quos iterum parturio* (2). Non, jamais plus qu'aujourd'hui vous ne vous êtes senti leur père. Mais votre fécondité n'est point épuisée. Vos nouvelles noces avec la sainte Église font pressentir pour vous de nouveaux jours et une nouvelle puissance, *Genuit filios et filias.* Avant de vous endormir avec vos frères dans la cité de David, comme les forts d'Israël, enfantez encore, enfantez bien longtemps; c'est le vœu persistant de vos amis; *ad multos annos.*

Le sommeil viendra; la mort a son heure pour nous comme pour tous. N'hésitons pas à nous le dire entre nous; ne soyons point tremblants comme on l'est chez les hommes qui ne croient pas. Mais rappelons-nous que la mort pour tous ceux qui servent Dieu, pasteurs et membres de leurs troupeaux, ne fait que les introduire dans l'éternelle vie. Telle est votre espérance; telle est la nôtre. Dieu daigne la bénir! Amen.

(1) I Cor., IV, 15.
(2) Galat., IV, 19.

Angers, imp. Germain et G. Grassin, rue Saint-Laud. — 299-86.

www.ingramcontent.com/pod-product-compliance
Lightning Source LLC
LaVergne TN
LVHW052037160826
845678LV00003B/1392